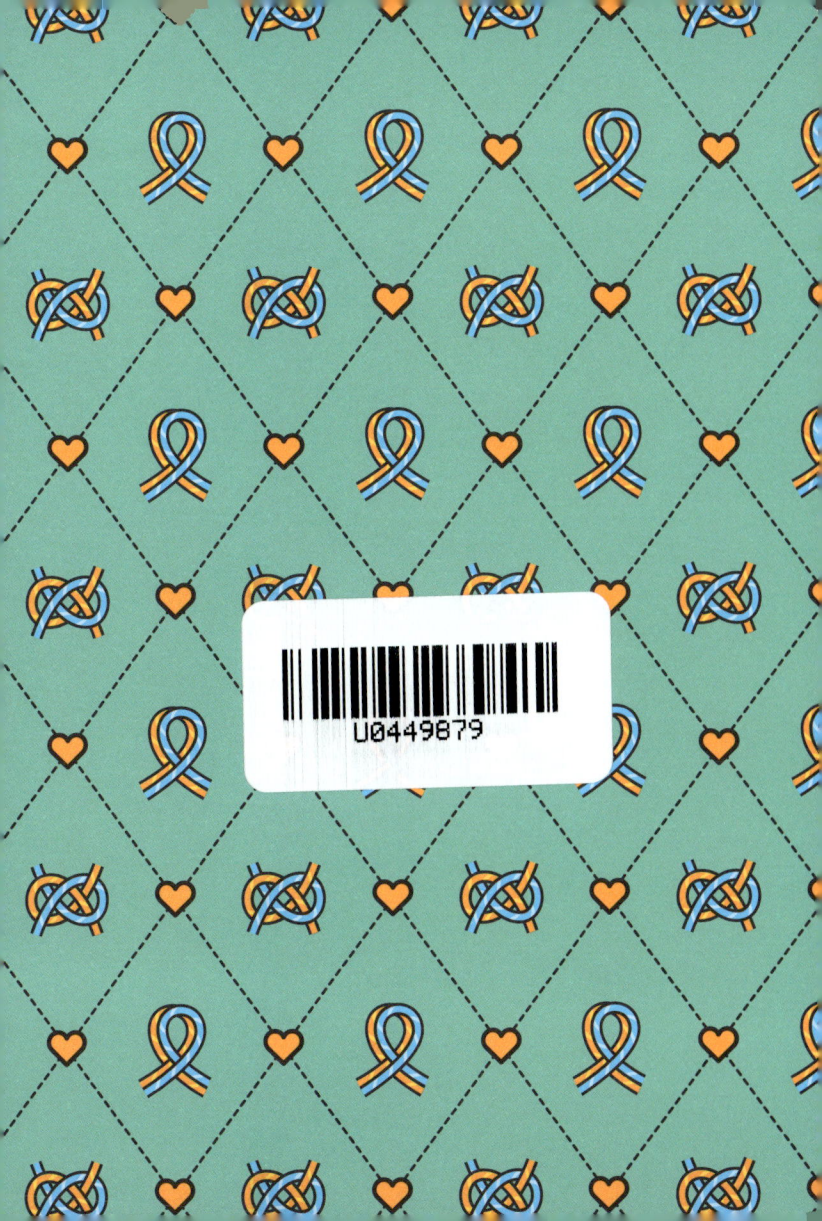

"人生学校"成立于 2008 年,是一个由英国知名作家阿兰·德波顿创建的文化平台,旨在通过电影、工作坊、图书、礼物以及温暖又富于支持的社群,来帮助人们过上更充实、更有意义的生活。在优兔平台已经拥有超过 900 万订阅者。

很多人在年轻时天真地以为校园学习就是掌握全部知识的途径,长大后才发现在学校里很多东西是学不到的,很多问题更是连思考的机会都没有。德波顿利用自己的影响力创办"人生学校",挑战传统大学教育,重新组织知识架构,令其和日常生活更贴近,让文化更好地为人们服务。

"人生学校"出版的图书都与人们日常生活中的重要问题直接相关,并相信最为棘手的问题皆因缺乏自我觉知、同理心和有效沟通而起。本次首批引进的 11 册,聚焦于情感议题,从如何寻找一个合适的伴侣,到如何长久地经营一段亲密关系,给出了全方位的建议。

扫 码 关 注

我们提供知识 以应对变化的世界

人生学校・The School of Life

我们能不能不吵了

[英]阿兰·德波顿 / 主编
[英]人生学校 / 著　　张闻一 / 译

中信出版集团 | 北京

(Arguments) ♡

By

The School of Life

目录

绪 论 / 001

一、争吵简史 / 009

二、争吵的二十种类型 / 019

1. 反复性争吵 / 022
2. 家庭纠纷引发的争吵 / 025
3. 防御性争吵 / 029
4. 破坏性争吵 / 033
5. 病态性争吵 / 037
6. 升级型争吵 / 041
7. 临别争吵 / 045
8. 错位式争吵 / 048

9. 关于身份的争吵 / 052

10. 关于规范的争吵 / 058

11. 关于"你怎么变得跟你妈一样"的争吵 / 062

12. 逻辑引发的争吵 / 065

13. 寻求关注的争吵 / 070

14. 误读引发的争吵 / 073

15. 度假时的争吵 / 077

16. 沉闷的争吵 / 081

17. 邂逅引发的争吵 / 084

18. 丢失物品引发的争吵 / 089

19. 内疚引发的争吵 / 093

20. 性生活缺失引发的争吵 / 096

三、争吵可以让我们更懂彼此吗 / 101

绪 论

"糟糕的争吵本质上是沟通的失败。"

据统计，一对情侣平均每年会发生三十到五十次重大争吵。重大争吵是指严重偏离正常交流范围的对话，会引起旁观者的不适，其中，双方可能会尖叫、翻白眼、激烈地指责、摔门、动手打人等，并随意使用"浑蛋""蠢货"等侮辱性字眼。

显然争吵给彼此带来了巨大伤害，我们自然而然地会期望，现代社会能够关注这一问题发生的原因，并探索如何有效地化解问题。我们可能还期望，中学、大学开设关于正确处理争吵的课程，官方设置降低争吵发生率的目标（例如，媒体报道争吵发生率较上一季度增长1.7%，反对派则强烈要求主管争吵的部门负责人下台）。

但现实是我们普遍不重视争吵这一现象，这背后有两个主要原因。

第一，受浪漫主义文化影响，我们会感性地认为，激烈的争吵与强烈的感情是有联系的。似乎打架和谩骂并非不成熟或自制力不足的表现，而是强烈欲望和有力承诺的表现。

浪漫主义还表明，争吵可能是感情关系自然状态的一部分，永远无法通过理性来公正地分析，也无法用逻辑来解决，大概也只有书呆子才会试图去深究争吵的原因。两个人一路走来，难免会有烦恼，会有不快和争吵，吵吵闹闹是感情关系中的必修课。

第二，从更私密的层面上来说，我们不愿意去反思争吵的发生，是因为我们不想面对自己在争吵过程中暴露的丑陋面，争吵展示了我们身上的恶毒、自怨自艾、斤斤计较等缺陷。一旦争吵结束，一方只希望假装无事发生，好像前一天晚上发生的争吵只是个意外，最好对此保持缄默，然后平静地度过第二天。

由于很难知道别人在情感关系中是否也会遇到类似的问题，你也无法对争吵做更多调查。你希望自己看起来正常，觉得在争吵中暴露的缺点令人羞耻，所以你不愿直面现实，而是坚持认为自己在争吵中的野蛮、幼稚行为是例外，没必要去分析原因，也不可能有补救的办法。你坚信自己情绪失控只是意外，从而失去了完善自身的机会。

事实上，这些都是完全没有必要的考虑。你会频繁地跟伴侣发生争吵，是因为从来没有人教过你如何恰当地告诉对方你真正的样子。几乎每一次争吵的表面之下，都隐藏着一些不可言喻的痛苦，两个人都希望自己的情感现实被看到、认可、回应，并想得到公正的对待。在谩骂之外，一方内心深处渴望对方能够看见、理解和支持自己经历中的重要元素。

每一次大吵都会留下遗憾和伤害，你真正想传达的信息是"我需要你爱我、了解我、赞同我",而你传递这些信息的方式却是"不耐烦地指责、生闷气、撂挑子、冷嘲热讽、声嘶力竭、恶语相向",那么争吵的悲剧就在于这两者之间可怕的不匹配性。

糟糕的争吵本质上是沟通的失败,并且我们想要表达的信息也会在争吵中渐渐变得模糊不清。我们会越吵越绝望,从而无法再保持理智,也无法平静地表达我们真正想表达的东西。我们会歇斯底里、不顾形象地争吵,是因为在痛苦压抑的时候,我们很难找到表达恐惧、失望、需求、担忧、兴奋或信念的更好方法。你害怕和一个根本不懂你内在灵魂的人在一起,你担心这样会毁了自己的一生。如果你完全不在意对方是否理解你,你反而可以平静地表达自己的想法。

你并非粗鲁暴躁或是精神错乱,而是你太看重这段关系,却又无法让对方明白自己的内心,这种冲突带来的无力感导致你情绪失控。

尽管争吵会给彼此带来伤害,但是避免争吵也不是直接的解决方案。争吵总有起因，如果我们想要维持这段感情，就必须正视它。当务之急，不是避免争吵，而是学会放弃适得其反的报复性手段，并采取更温和的策略来化解矛盾。因此，我们需要掌握语言的艺术，将恶毒的争吵转化为有效、有爱的良性沟通。

一、争吵简史

"多数时候只是一个人固执己见,
并试图让另一个人闭嘴。"

在感情关系中,争吵对我们来说是再正常不过的事情,就好像争吵已然成为我们生活的常态。但是,争吵的倾向和方式也有重要的历史,争吵的历史和未来值得探究。

公元前1550年 埃及 开罗

古埃及的夫妻在相处过程中也会产生矛盾,但他们处理矛盾的方式是前现代时期世界上的普遍做法。他们不会争吵不休,而是由男人以教条式命令甚至暴力来终止矛盾。当时的一项法令规定，如果妻子不同意丈夫的意见，就应该被囚禁在一个大坑或大陶罐里一段时间，以维系家庭的和谐。

公元前415年 希腊 雅典

哲学家苏格拉底因独特的生活方式而闻名，尤其是他经常和妻子珊西佩进行长时间且有争议的讨论。当被问及为什么一个智者不能简单地通过野蛮的权威使妻子顺从时，苏格拉底回答说，与伴侣的争吵相当于对话艺术的教育，提高其作为哲学家的思辨游说能力。这个回答令他的一众弟子非常不解。

1542年2月 英国 伦敦

英格兰国王亨利八世及其第五任妻子凯瑟琳·霍华德的婚姻再陷危机。传言直指凯瑟琳与一位侍臣有染,而这位侍臣也是她的私人秘书。亨利得知后暴跳如雷,但是他也没有为此和凯瑟琳争吵,而是直接下令将凯瑟琳在伦敦塔外斩首。在断头台上,凯瑟琳发表了简短的临终之言,她承认自己是罪有应得,如此重罚实属公正。

1833年10月 法国 巴黎

英国哲学家约翰·密尔在左岸的一家小旅店邂逅了一位女权主义作家哈丽特·泰勒。他们相爱了,同时遵循一套关于男女恋爱关系的新式理论。密尔和泰勒都追求所谓的伴侣式爱情,这种新型男女关系以相互尊重和友好相处为基础,以温和的对话和沟通作为化解分歧的手段。泰勒曾称赞密尔是她遇到的唯一一位懂得如何和女性沟通的男性,他能够承认女性的智慧并充分尊重女性的想法。

但是,无论拥有多么高尚的感情,大部分情侣都很难做到像泰勒和密尔这样。事实上，矛盾的是，现代婚姻的很多规则从根本上增加了长期冲突和复杂分歧产生的可能性。在现代婚姻价值观下，两个人需要在一致同意的情况下共同承担大量的任务。而在过去的社会中，这些任务都由一方决定和主导，没有太大的商量余地。现在，很多大大小小的事情必须由夫妻共同决定，包括客厅里应该铺什么样的地毯，周日下午做什么，到哪一方的父母家过圣诞节，送孩子去哪里上学，有客人来吃饭时如何上汤，以及可以减掉多少体重。

浪漫主义视角下，对灵魂和谐平等的追求引导着感情关系的发展。一方不再满足于另一方勉强的默许，双方希望以相同的方式回应这个世界，理解彼此的幽默感，有相似的兴趣，由于同样的原因而喜欢上一本书，保持性爱的热情，有一致的经济观念，有相似的审美品味，有一致的作息习惯。而当彼此难以磨合时，离婚率就会直线上升。

一、争吵简史

1935年 美国 纽约

两位已婚医生汉娜和亚伯拉罕·斯通开始为陷入沟通困境的夫妻提供情感咨询。后来他们将自己的许多经验浓缩成一本畅销书《婚姻手册》,书中提出了许多建议,比如夫妻应学会不去指责彼此真实的样子,而是充分表达对方的行为带给自己的感受。举例来说,我们可以说"你让我觉得我在你心里一点都不重要",而不要说"你真是个自私冷漠的畜生",避免这种负面无效的指责,可以缓和矛盾,促进良性互动。

2013年8月 希腊 麦西尼亚

伊桑·霍克和朱莉·德尔佩主演了理查德·林克莱特导演的电影《爱在午夜降临前》,它讲述了一对夫妻处于感情危机的故事。这部电影中最出名的一个场景是二人在希腊酒店发生了长达二十分钟的争吵,它是现代电影中最久、最激烈的争吵之一。在这场争吵中，霍克和德尔佩辱骂彼此、大喊大叫、摔门砸东西、怒不可遏。这场银幕上的争吵，真实地展示了现实生活中多数夫妻日常的争吵状态。理论上每个人都想拥有友好的婚姻关系，与伴侣进行文明的对话，但是很少有人能真正做到这样。

2200年 木星附近某个银河系空间站

此时，夫妻仍会面临很多挑战，就像始于19世纪的争吵时代那样。他们同样需要共同做出很多棘手的决定（例如什么时候需要发射火箭或者什么时候需要往大脑里下载资料），也试图表达自己的情感、欲望、恐惧和需求；不过，他们不会再大发雷霆或冷嘲热讽，当然也不会大喊大叫或怒摔空间站的门。他们感到不安，但是会运用在多年学校教育中习得的"医疗交际"技术来缓解焦虑，并通过嵌在其大脑中的思维芯片定期更新。

一、争吵简史

他们从小就被教导争吵如何产生,争吵怎样消耗精力,如何巧妙地表达重要的事实,以及如何从别人的角度看问题。很显然,在使用零重力吸尘机器人的家里,争吵和辱骂少了很多。

在人类历史的长河中,事实上夫妻之间从未有过真正的争吵,因为多数时候只是一个人固执己见,并试图让另一个人闭嘴。而现在,我们有机会生活在一个更有希望追求平等和对话的时代。然而,在以成熟理智的方式化解分歧和矛盾的这条路上,我们只迈出了第一步。我们已经懂得如何在感情关系中期待爱。我们下一步的任务就是更加明智地应对争吵时的恨意和怒火。

二、争吵的二十种类型

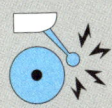

"爱情绝不只有感情的投入,
更需要技巧和策略。"

我们频繁、重复地发生争吵，很大一部分原因是我们没有发现争吵的相似性。如果能够将争吵按类型学的方法分类，我们会发现化解家庭矛盾就像带着鸟类百科全书去研究鸟类一样简单。

下文描述并分析了夫妻之间最常见的二十种争吵类型。

虽然从表面来看，争吵好像都差不多，都有激进和攻击性的方面，但是我们应注意到，实际发生的争吵有很多不同的类型。以下罗列的每一种争吵都有特定的行为方式，且会导致一方无法向对方表达自己的真正感受。

通过逐一审视这些类型，我们可能会渐渐对人际关系中的障碍有所了解，并以更少的惊讶和更多的宽容、幽默来对待分歧。我们会再次意识到，爱情绝不只有感情的投入，更需要技巧和策略。

1.
反复性争吵

那种看似每次都有独立起因的争吵,可谓是最难处理的。可能有时因为一方对某个朋友说的话而争吵,有时因为家庭聚会的事而争吵,有时又因为沙发上的污渍而争吵,有时还会因为政府对利率的调整而争吵。

令人惊讶的是,我们可能在不知不觉中进行了重复的争吵。每次争吵的导火索看起来不尽相同,实质上都是一些相同矛盾点的排列组合而已。

外出是坐火车还是坐大巴,谁去倒垃圾,非洲的经济发展潜力如何,木桌上为什么会出现划痕,预约看牙还迟到五分钟有没有关系,朋友结婚送什么礼物,餐巾和纸巾有什么区别——关于这类事情的争吵其实都是反复失望地向对方表达:"我觉得你不尊重我的智慧。"

缺乏清晰的自我认知是暴躁易怒的根源,如果我们从来没有识别和解决那些关键问题,我们就会无休止地因为各种事而争吵。

为什么追踪愤怒的起源如此困难?从某种程度上来说,那是因为激怒你的事情太过分了。当你发现自己深爱的人竟然不渴望与你亲热,他本质上也根本不是那么善良,还在经济上依赖你,或者他是你实现职业抱负的绊脚石,你会感到前所未有的侮辱。你承受着巨大的压力,不敢正视这些问题,这些赤裸裸的真相让你非常痛苦。因此,你宁愿在无数个看似无关紧要的琐事上表达愤怒,也不愿为了共同的生活状态和未来的方向而争吵。

此外,在你的成长过程中,可能从来没有人告诉你要勇敢地把自己的不满表达出来。你的父母可能也有诸如太过焦虑、太过脆弱或者恃强凌弱等性格缺陷,因此他们很容易忽视你的需求。

或许你本可以精通不怨天尤人的艺术，只管接受生活和所爱之人给予的一切就好，但是这么做并不会抵消你的失望，反而会让日积月累的失望找不到宣泄的出口。

因此，你注定会和伴侣不断地因为琐事而争吵，这些大大小小的争吵可以转移你的注意力，以免你触及抱怨的核心真相：他没有给你足够的爱，你过得比他更艰辛，他的家人比他想象的要糟糕得多，他的某些朋友威胁到你了，他的理财方式和观念不对。

在进行本质性的大讨论之前，我们会持续争吵，这也不断地侵蚀着我们的感情。到后来，争吵几乎占据了我们生活中的每一天。

我们应该学会勇敢地面对失望和恐惧。与其让一段感情在无数次争吵中死去，还不如多尝试去触碰那些真正让我们生气的因素。当我们能够直面真相，并坦诚地倾诉我们究竟为何愤怒时，也许心结就会解开，我们也不再争吵。

2.
家庭纠纷引发的争吵

当一对夫妻觉得家庭纠纷太过琐碎时,他们可能不想在这些琐事上纠缠,但是依然避免不了反复争吵。

据推测,有教养、有头脑、有见识的人不会浪费时间为琐事争吵。诸如湿毛巾该晾在哪里、脏袜子应该放哪里、吐司怎么切或需要网购多少棉签等,都是枯燥平庸的生活中低贱和过时的话题。似乎只有涉及形而上学的重要主题,例如国家的方向、自由市场的意义、宗教的合法地位等,才值得争吵,而类似如何清洗冰箱的琐事根本不值得关注和讨论。

这不意味着家庭纠纷会因此减少,而是意味着当这些琐碎的矛盾爆发时，人们会更不耐烦，只想随便应付以尽快结束争吵。我们从心底里就厌恶这种琐事，会越吵越烦躁。一方喋喋不休，另一方则推卸责任、连声抱怨。最终，唠叨的一方会放弃说教，继续坚持己见；另一方也根本听不进去，只想逃避问题。

只有处理深刻重要的事情时，我们才会觉得争吵有意义。但是，由于我们害怕面对家庭生活中的紧张关系，并且拒绝认真对待那些抱怨，因此争吵最终以潦草、懒散和含混不清收场。

如果我们认识到那些深刻的主题往往隐藏在琐碎的表象之下，也许我们就能有效地处理争吵。事实上，关于谁洗衣服的争吵并不是关于床单和衣服，关于买气泡水还是买矿泉水的争吵也不是关于成本。争吵表面上的焦点（黄油、垃圾桶、雨伞等）只是一种象征，代表更大、更深刻的问题——正以间接的方式造成无形且巨大的影响。

我们可以试着想象，深渊一般的恐惧关联着那些激怒我们的家庭琐事。这虽然令人难以置信，但我们需要接受，正是我们内心所惧怕的事情让我们变得针锋相对。对于一个害怕过度服从的人来说，被要求在周六的一大早洗衣服无疑是一件浪费生命的苦差事；而对于一个崩溃多次的人来说，这项命令则是掌控局势的一种胜利。因此，一次看似微不足道的关于洗衣服的争吵，实则是两股力量的抗衡与较量。

令人遗憾的是，我们很少有足够的想象力去探究隐藏在家庭纠纷中的心理问题，所以倾向于把关注点集中在争吵的表面问题上。

我们要学会不再纠结于那些琐碎的情绪爆发点，反复唠叨和一味逃避都没有意义。做自己的烦恼解剖师，问问自己为什么会被诸如是否要去购物、谁洗脏毛巾、谁去清理桌上的面包屑等事情惹恼，以及这些琐事真正象征着什么。有时，我们也可以从自己过去的情感经历中找出原因。只有直面自身的恐惧，意识到自己几乎被张着深渊巨口的恐惧吞噬，我们才能真正走出来，恐惧的表象即家庭琐事也不会再轻易激怒我们。被激怒并不奇怪，因为确实有令我们恐惧的事存在。我们会明白，家庭生活的真实面目是一个表面上微不足道的舞台，很多乔装打扮且重要的心理学问题充斥其中，包括渴望自由和害怕陷入困境之间的冲突，对约束的恐惧和对被保护的渴望之间的冲突，僵化的风险和对混乱的焦虑之间的冲突，等等，这些问题都值得我们以最大的同情心和智慧来探究和讨论。

3.
防御性争吵

我们经常会无意识地用来自法庭和学校辩论传统的理念对待感情关系,误以为"正确"或证据更充分的一方就应该合理地"赢得"争吵。但这种想法从根本上曲解了感情关系的真正意义。伴侣不是用来打败的(除了自鸣得意的孤独获胜,也不会有什么奖品),我们应努力帮助彼此成长为最好的自己。

当一方看出另一方存在问题且自认为正确时,往往就会爆发争吵。一方可能会用严肃或幸灾乐祸的语气指责另一方。"你喝醉了。""你在聚会上抢了别人的风头。""你总是夸夸其谈。""你没有责任心。""你沉迷网络，浪费了很多时间。""你很少运动。"但是，这种洞见本身并没有错，而这也正是棘手的地方。这些批评可能确实有道理，但有理的一方并不等于赢家，因为正确指出伴侣的缺陷不会得到任何嘉奖。我们都想成为更好的人，可是批评、贬低伴侣会使我们离这一真正的目标越来越远。

当你受到对方的指责时，你会非常愤怒并矢口否认。这并不是针对问题本身，因为你很了解自己的缺点，也清楚对方说得没错。但是，你无法接受对方的批评，你会感到害怕并不由自主地否认一切。当自己的缺陷或失败被揭开时，你会害怕赤裸裸的真相。你担心如果承认自己的错误，你在对方心中的形象就会毁于一旦，对方会认为你是一事无成的废物，并且要求你必须做出改变。这也是为什么尽管心知肚明，你还是会坚称自己运动够多、工作努力、从来没有沉迷上网。

你本来就对自己的缺点感到羞愧难当、自惭形秽，更加听不进伴侣的指责。你的内心本来就积压了很多脆弱的情绪，因此你无法接受对方的指责。

柏拉图曾概述过一个思想，称之为"正义的谎言"。如果有一个疯子冲过来问你哪里有斧头，你有权撒谎说不知道，因为你明白如果你告诉他斧头在哪里，他很有可能会用这把斧头伤害你。"正义的谎言"意味着，当我们有生命危险时，我们撒谎就具有合理性。而在夫妻关系中，当伴侣指责你的时候，他可能不是真的"找斧头"，但你内心产生了同样的恐惧，因此如果这时你想否认，就可以理解。

想要伴侣接受你这种心理，对他来说可能也不公平。但是如果真的想改善感情关系，他就需要向你表明，即使你承认了自身的不足，他也永远不会把真相当作武器来攻击你。

如果对方稍微向你表示出一点同理心，你作为被控告的一方，其实就会很容易承认一切。事实上，你也很想卸下包袱，承认自己身上的缺陷和伤痕。

如果遭到粗暴直接的指责，人们往往就不会有什么改变；但是当感受到支持的时候，人们就会做出改变。在感情关系中，保持正确是不够的，一方需要向对方敞开胸怀，发出爱意的信号，帮助对方认识和积极地改正自己的错误。

4.
破坏性争吵

当一方故意无端挑起是非,破坏对方的好心情和高昂的情绪时,争吵就会爆发。

此时,心情愉悦的伴侣可能正在烤蛋糕,准备招待来做客的小侄子;可能一边吹着口哨一边布置着厨房;可能正兴高采烈地计划着周末的出游;可能憧憬着不久后能见到老同学;对自己的职业和财务前景都表现出不同寻常的乐观。尽管你很爱伴侣,但有时,你没来由地突然对此感到厌烦,那些刻薄刺耳的扫兴话就脱口而出。在他兴奋地谈论着要跟老同学见面的时候,你突然挖苦他的老同学(说这位老同学总是讲一些无聊的笑话，还是个势利眼）；在他布置厨房的时候，你极力反对重新摆放碗橱；在他烤蛋糕时，你又吹毛求疵，说蛋糕烤得不好；你还打击他的职业规划；抱怨他计划的周末出行没有考虑交通情况。仿佛你故意跟伴侣对着干，挑起焦虑烦躁的情绪。

从表面上看，这样的你简直就像怪物一样可怕。但是如果你深入自己的内心，就会发现一切都情有可原。你之所以这样做，是因为你觉得对方轻松愉快的心情似乎成了彼此沟通的阻碍。你害怕他沉浸在幸福中，而忽略你的心情，可能你陷入羞耻、抑郁、担忧或孤独中，很怕被抛弃，所以故意破坏他的心情，希望得到重视。

只不过，你自己也并不清楚这一点，但头脑中的阴暗面本能地将他的乐观情绪当作一种警告——不那么开心的你不会被接受。虽然这从心理学上来说可以理解，但你简单粗暴地得出了一个极不成熟的结论，即除非把伴侣变得和你一样难过、沮丧，否则他一定感受不到你的情绪。所以，为了强行让他感受到你的悲伤，你恶意中伤他。

但事实上,事情很有可能根本不像你想的那样。你可能确实把另一半搞得不开心,但你不会因此博得他的关注和同情。当好心情被破坏后,他更不想听你诉苦,更不要说给你一个安慰的拥抱了,他只会对你莫名其妙的扫兴感到愤怒不已。

因此,更好的做法是向对方坦白自己的想法。不要冲动地说些扫兴的话,而是告诉他,你能感受到他的幸福,但同时有些担忧和恐惧。笑着向他坦白自己内心阴暗的想法,并保证自己绝不会破坏他的美好心情。你也会在心里不断地提醒自己,每个快乐的人都曾有过悲伤的时刻,如果一方保持愉快乐观的心情,其实能让情绪低落的另一方更为平静。

破坏性争吵是一种完全自相矛盾的爱意表达,渴望温柔和关心的一方只会在这样的争吵中迷失方向。如果能够认识到这种心理,那么下次当你心情大好,愉快地烤着面包或吹着轻松的口哨时,你就会明白,试图破坏你情绪的另一半可能不是真的那么让人讨厌。他只是单纯地担心,你的幸福可能会以他的牺牲为代价。他打击你的积极性,只是在以一种混乱而令人发狂的方式乞求你的关注和安慰。

5.
病态性争吵

在这类争吵中，一方如此生气，以至表现得极其不符合预期的文明规范，例如尖声说话，声嘶力竭，大哭大闹，下跪乞求，语无伦次，揪头发，捶胸顿足，或是撒泼打滚。

可以想象的是，另一方一定也会以为他疯了，并就此结束争吵。为了凸显这一点，另一方则会尽量非常平静地说话，就像对待不听话的狗或憋得满脸通红的两岁小孩那样。另一方会觉得，既然对方已经变得如此不可理喻，那么继续沟通已经没有任何意义。但是这样的反应只会让本就处于癫狂状态的对方更加痛苦。

人们会很自然地认为，在争吵中情绪失控的一方所说的话完全没有可信度。无论他想表达什么观点，都不会有人听得进去，别人总会把注意力放在他那夸张和不成熟的举动上。似乎冷静的一方更有优势，而呼天抢地的一方则像个疯子。

不幸的是，这样不平衡的争吵只会将双方困在一个恶性循环中，不会有任何一方获利。

有时相对平静的一方突然转过身，冷冰冰地说，"你疯了吧，我也没必要再跟你多说什么了"。怒不可遏的一方会变得更加惊慌失措，因为他意识到自己已经近乎崩溃，却仍然得不到关注和理解，于是他变得更加疯癫，也使得沟通更无法进行下去。自己的情绪不被理解，甚至还被认为是精神错乱，只会让他陷入更绝望的境地，产生自我怀疑，他会觉得自己是不是真的疯了，从而更控制不了自己的行为。他不相信如果能控制情绪，自己的痛苦就会被理解。

"你要是还这样大喊大叫，我就不想再听了。"平静的一方可能会继续说道,而这也只会让另一方更加六神无主。情绪崩溃的一方在这种压力下越发病态化,从心理学的角度来看,他变成了一个真正的疯子,而不再是一个暂时被逼疯的正常人。

相对应地,保持冷静的一方由于自身冷静的天性和处理关系的巧妙能力,会自动被塑造成正派、通情达理的形象。但要记住,至少在理论上,他完全有可能既残忍、轻蔑、固执、苛刻,又保持声音冷静,伪装出一副镇定的样子。同样,一个人泣不成声、语无伦次,很可能也有理有据。

因此,我们应保持一种开放的心态。怒不可遏和歇斯底里只是一个人陷入绝境的表现而已。当一个人在一段自己十分看重的感情中被忽略、被否定时,他可能就很难控制自己的情绪,这并不代表他很恐怖或心理扭曲。

这种表达方式显然并不可取,如果我们能够控制自己的情绪,不大哭大闹,结果可能就会更好。即使我们确实控制不住，那至少在理论上也无可厚非。看到对方情绪崩溃，你可能会觉得他很可怕。但是从长远来看，他此刻最需要的是深切的同情，而不是说教。因为一个人只有在伤心欲绝、万念俱灰的时候，才会让自己变得如此不堪。

你要提醒自己，你可能也有崩溃的时刻，你不会永远是委曲求全、头脑冷静的一方。你应该在心里留存一部记录自己至暗时刻的电影，可以不时回放其中的片段。这样你就会记住，虽然你看起来很疯狂、很扭曲，但这只是内心痛苦的外在表现，真正的痛点是所依赖之人不能理解你的关键想法。

事实上，你几乎可以对生活中的所有人保持冷静，但是在伴侣面前，你往往会情绪失控。伴侣是你投入最多感情的人，你把自己的未来交给了他。所以你不应该总是指责伴侣控制不住自己的脾气，他情绪失控并非意味着他不理智或可怕，而是意味着他非常爱你、非常依赖你，因此你应多一些宽容。

6.
升级型争吵

有时,夫妻之间一次简单普通的对话,突然就演变为一场报复性争吵,而转折点往往是一方做出一些不合时宜的举动。

两个人可能正在随意地谈论一些看似无关紧要的事情:要怎样去赴晚上的聚会,是否应该再次邀请他们的母亲,某个词的正确发音是什么。接着,一方突然冒出一些和这些事完全无关的指控,可能会情绪激动地说:"够了,我根本不想去参加这个聚会!为什么每次我们做什么事都要别人见证啊?去年,我们在意大利的时候,我就搞不懂你有什么必要邀请那个姓顾的、姓吴的以及姓白的和他妹妹啊?你接下来还想干吗?干脆在我们睡觉的时候摆个摄像机,让大家都来看呗?还是说你现在甚至都不想和我睡觉?"

或者,一方可能会突然发飙:"你每次都是这样!就像去年在你爸家里,每次只要我提了什么建议,你就反对,说我哪里错了,好像你和我在一起就是你一直在委曲求全。为什么你就不能有一次站在我这边呢?!"

而莫名其妙被劈头盖脸一顿骂的另一方,则会非常生气,无法理解为什么对方会这么说。毕竟,本来两个人讨论的只是要不要打车去参加聚会,而不是去年在意大利发生的事情;本来两个人只是在讨论罗勒的意大利语发音,根本就扯不上夫妻之间谁对谁错的问题。所以,当一个本来平淡无奇的谈话毫无预兆地突然升级为争吵的时候,对方必然会被激怒,于是,关于"现在讨论的重点是什么""在要吵架之前是否应该提示一下对方"的新一轮争吵又开启了。

这种争吵可以称作"升级型争吵",在这种情况下,

二、争吵的二十种类型

一场关于话题甲的讨论会迅速升级为一场关于话题乙的指控,话题乙虽然与话题甲关联不大,却有着更强的攻击性,而在话题乙中受到指责的一方也会觉得不可理喻。

这种争吵实际上是感情关系中情绪未得到疏导的表现。上一次受到的伤害没有被正确地处理,失望、不愉快等负面感受积压在心里,然后在未来的某一刻突然爆发。发表激烈的报复性言论的一方看似不可理喻,故意毁坏气氛,其实心中郁愤已久,而另一方对此也有不可推卸的责任。

当然,从某种意义上来说,突然遭到指责的一方也有自己的委屈。本来好端端地聊着事情,对方突然恶语伤人,这显然不合理,也很不公平。但是更准确地说,对方只是在某个时刻抛出了一个积压已久且早该正确处理的问题。升级型争吵表明,那些未被处理的遗留问题会在某个时刻打破亲密关系中平静、自然的交流。

因此,如果一方打断了正常的对话,突然开始表达不满,另一方不应过多地责怪。况且,从某种意义上来说,在情侣之间,无论什么时候提出一个更为严峻的话题,都不会不妥。有一些琐碎的争吵,无可厚非,千万不要让这些小矛盾累积成随时可能爆发的心结。

7.
临别争吵

当伴侣要出差去外地一段时间,你会非常舍不得。因为你深爱着对方,所以格外珍惜分别前一天在一起的宝贵时间,你想要确保他离开前的夜晚愉快、尽兴。也许你们会一起出去吃饭,也许你会亲自下厨做一道对方爱吃的菜,然后一起看一部浪漫的电影。

可惜的是,结局往往适得其反。可能就在对方整理行李的时候,你们吵了起来,关于要不要带牙刷、什么时候吃饭、手机充电器放哪里了等。这些东西对你来说其实并没有那么重要,可你就是控制不住地产生一种报复性心理,不由自主地想跟他吵起来。你一再强调本来事情不严重,即使对方也做出了足够的让步,你也不满意,好像故意要跟对方过不去一样,最终闹得两个人都不愉快。原本定好的晚餐也不想去吃了,一方生气地摔门而出,另一方则破口大骂。

是什么原因导致你在临别时刻做出如此失控的举动?为什么你要破坏离别前留给彼此的短短几个小时?真相是,对爱的渴望和一种阴暗、隐秘的恐惧发生了冲突,你非常依赖身边这个人,但是他的感情不受你控制,而现在他又要离开你一段时间。你对他的离开感到恐惧,于是你在潜意识里决定不把对方看得那么重要,你故意找他的碴儿,因为深爱所以害怕失去,你选择以憎恨来抵消思念。

在争吵的过程中,你也在试图重塑自己的情感。你和他闹别扭,是想说服自己不需要他的爱,他在你心里一点都不重要,分开一段时间根本就不会有任何影响。如果你先发制人,那你因为对方要离开(虽然你知道他不是主动要离开,而是为了工作必须去)一段时间而受到的伤害也许就会减轻。

　　当然，如果你足够理性，那么更为明智的选择就是坦然接受与另一半分离的时光，而不是阻止伤害发生。因为不管怎样，分别总是难熬的，也许明晚他就已经到达八个时区以外的地方了，所以别再为了诸如"我就是问你洗衣袋放哪里了，你干吗这么不耐烦"之类的话题争吵不休。此刻，你们应当关注真正重要的事，珍惜当下彼此相处的时光。

8.
错位式争吵

在这个千疮百孔的世界里,你无法避免地会受到伤害。你可能会在工作中被领导羞辱、贬低;你可能没有收到同事聚会的邀请,或者在开会时被漂亮多金的同事冷眼相待;你也可能努力学习一项技能,结果却发现根本没什么用;你还可能听说,大学同窗好友现在已是一家初创企业的老板,事业有成。

你受到的伤害、被人看不起的经历和内心的失望一点一滴地累积,压抑在心头却无法诉说。如果你反驳上司,你就会丢掉工作;如果你向同事表达自己不被邀请有多么难过,他们就会觉得你矫情又缺乏安全感;更不

二、争吵的二十种类型

会有人在意你同学经营的公司蒸蒸日上会给你造成什么伤害。你无法摆脱地缘政治、经济历史或存在主义悖论带来的困扰,你必须在生活还是未知数的时候就做出决定。你不能对宇宙或政治权力的偶然事件大发雷霆,多数时候,你只能自己舔舐伤口,然后继续昂首前行。

但有一个例外就是,你会向自己最亲密、最爱的人发泄这些情绪。当疲惫的一天结束时,你回到温暖的家里,一个幸福的人在等着你,你内心的所有委屈、失望仿佛都找到了宣泄的出口。

不幸的是,你却很少告诉伴侣,你的情绪爆发与他无关,你只是故意和他闹别扭,想通过争吵来发泄不满,缓解那些无处可去的痛苦。因为你在工作上被领导批评,也没有资本闲聊,更无法祈求上帝,所以对待伴侣时,你变得格外刻薄。别人无暇顾及你的屈辱和愤怒,于是你将其转移到最关心你的人身上。你告诉他,如果他给予你更多的支持,少干涉你的生活;赚更多的钱,少一点享乐主义;更有创造力,少一点天真;要求更高或不那么挑剔；更有活力或更放松；更性感一点或更清心寡欲一点；更有学问、眼界更开阔或不要那么书呆子；更有冒险精神或更安分守己一些，那么你就会幸福，你的生活就不会像现在这样狼藉一地。甚至，你有时还会把自己的失败归咎于伴侣。

这当然很可怕，也非常不真实。可是，这些荒谬的责怪和批评背后，隐含的是你对伴侣难以言喻的爱意和赞美。你会向他一股脑儿地抱怨，是因为你很依赖他，他在你的生活中占据了非常重要的地位。

你会无缘无故地和他吵架，实际上你想向他传递的信息是"请拯救我""给我救赎""请倾听我的痛苦""即使我是一个失败者，也请一如既往地爱我"。那些责备实际上是你对伴侣绝对信任的标志，只不过你做不到直接表达，而是以这种荒唐的形式表现出来。在其他人面前你都可以表现得成熟、有教养，但只有在一个人面前，你能够放心地卸下伪装，露出最真实的一面，疯狂到失去理智，提出无理的要求，大发脾气。这不是因为他就该忍受这些,而是因为当生活一地鸡毛的时候,他是身心俱疲的你唯一的依靠,他承诺永远理解、包容你。难怪你如此爱他。

我们都知道,被人当成小孩是一种不好受的滋味。但你忽略了,有时候,在爱你的人身边,你最大的特权是摘下成人的面具,做一个失望、愤怒、口齿不清、遍体鳞伤的孩子,并且还能被谅解。

9.
关于身份的争吵

一段感情关系最美好的地方就是，你能感受到对方了解你。在这个世界上，别人总是误解甚至忽视你，但是伴侣可以准确地勾勒你的形象，了解你的真实模样，将你的偏好牢记于心。他知道你的很多事情，比如你最喜欢吃什么，你在旅行时的一些小怪癖，你的日常习惯，你的童年经历，你对不同朋友的态度。

伴侣对你的性格了如指掌，如果他利用这种了解，故意贬低、讽刺你或是限制你的活动，并对你寻求改变和进步的愿望表现得不屑一顾，那就很可能会引发争吵。

他会以与你同床共枕近十年的自信和权威断言。"别傻了,你就不是会享受假期的人啊!""这对你来说太晚了,你不都要在十点之前睡觉吗?""你根本就不喜欢跳舞。"……或者,当你从图书馆回来时,他表现得很惊讶:"你不是不看政治类型的书吗?"又或者,他直接替你跟熟食店的服务员讲:"泡菜不用了,不吃泡菜。"

  类似的话反映了他在和你相处的过程中对你细致入微的观察与了解,但有时也会让你不愉快,因为你会觉得他好像居高临下地把你固定在一个并不真实的角色里。他自以为对你足够了解,对你的性格或要做的事评头论足(可能他的出发点是好的),但完全搞错了方向(造成不好的后果)。尽管你可能很多年都保持一个特征或习惯,但在表象之下你或许在悄悄地尝试改变。你正在试探性地尝试一些东西,不想一成不变。你的初心可能没有变,但是你会去尝试改变一些细微之处,接触新事物,拥抱新体验。也许只是口味的小小变化,例如你想尝试一下自己不爱吃的泡菜。

  伴侣却固执地守护着你不再认同的那个过去的自

己,他不相信你能做出改变,并指责你的这些尝试虚伪、做作,只是为了费劲去迎合别人罢了。

在改变外部因素的同时,其实你也在经历一个奇妙、终生的心理演变过程,而这一点其他人很难察觉。因为你看上去还是和曾经的那个自己一样,所以周围人自然不会发现你的内心有什么大的变化。然而只有你自己知道,你在不断开发自己的新领地,尝试摆脱过去的束缚,在全新的领域施展拳脚,并勇敢果断地清除不相干的部分。例如,你可能在日复一日的工作中发现了得心应手的新领域;你不再像以前那样鲁莽,逐渐学会了谨慎行事;你以前对艺术不感兴趣,现在能够不带批判地欣赏艺术了;你逐渐掌握了理财的能力,对政治经济有了自己的看法;你学会了放松心里那根一直紧绷的弦,不再拘谨和循规蹈矩。

这些变化都在不知不觉中发生,不会有特别的纪念日来标记它们,也不会有公开场合来增加它们的可信度。你也很难向伴侣解释它们,不确定要怎么说才能显得合理。并且由于这些变化和过去明确定义的态度相矛盾,你害怕伴侣不会喜欢现在的自己,因此很难开口。

但是,这些变化对你来说无疑非常重要。从某种程度上来说,这些或大或小的变化是你内心世界最重要的东西,构成了未来自我的初步基础。因此对于周围人如何看待它们,你会非常敏感,不想听到任何诋毁或嘲笑的声音。

如果将目光投向孩童,我们就能更好地体会一个人被周围人圈定在过去的身份中时所表现的愤怒和不满。假设一位母亲在聚会上向别人解释自己的孩子才五岁,她的孩子很快就会跌跌撞撞地跑过来,用稚嫩但强烈的语气愤怒地抗议道,"才不是呢!我都五岁零九个月了"。由此可见,我们非常需要别人肯定我们发生的变化。

至此也揭开了这一类争吵的深层原因,当伴侣基于固有的印象来评价你时,你会感到被冒犯,进而跟他争吵。例如,他说的一句话可能会让今年春天的你感兴趣,或者他对你去年圣诞节的看法提出了非常正确的批评,又或者他按照你三年前的眼光为你挑了一件衣服。

类似的话和行为都会让你很恼火，因为他没有看到你进步、改变的部分，而亲密关系中很重要的一点就是给予彼此充分的发展空间。虽然他很爱你，但是他没有关注你的变化，没有跟上你前进的脚步，甚至没有对你做出改变的尝试表示肯定。他对你的了解停留在原地，当然已经不再完全适用于现在的你。

不过，伴侣并不刻薄。只是改变总令人恐惧，伴侣害怕你会离开他。看似想换个口味，尝试一下泡菜，却也有可能是一个人要抛弃旧爱、另寻新欢的预兆。

因此，解决此类争吵的理想方案是双方达成一个共识，即变化或改进是一个人成长的必经之路，不会对彼此的感情构成威胁。在一段长期的亲密关系中，你必然会经历自身的改变，也会见证对方的成长，而双方对于彼此的了解也应该时常处于变化之中。你对伴侣兴趣、性格等的了解，永远是片面和暂时的，你也无须为此感到嫉妒或愤怒。你不是写完就被搁置在图书馆书架上的书，而是可以多次编辑、不断更新的在线文本。

二、争吵的二十种类型

真正的爱情要求你允许伴侣变得和相识时完全不同,你要接纳他的改变,而不是给他圈定角色。就像破茧成蝶那样,他经历了成长,摆脱了过去的自我,可能会变得更有智慧,对你的爱也可能更深刻。因此,"我不像以前那么了解你"这句话不应该是一种失望的叹息,而应该是你对伴侣发生改变的期待,进而使你有机会深化对他的了解。

人们总是免不了抱怨长期的感情关系单调枯燥,但正是变化的倾向才使一夫一妻制的感情生活不会那么无聊。如果你能正确理解这一点,你就会发现,自己竟然只会和某人短暂地在一起。事实上,你和"不同的人"住在同一个屋檐下,而这些人碰巧有着同样的名字、同样的外表,每晚以同样的姿态睡在你身边。然而,除了这些共同点,他们的差异如此巨大,以至看起来就像不同的人。于是,你可以在一段感情关系中光明正大地享受"不同"的爱人带来的体验,带着包容的心态去了解身边那个"不同版本"的爱人。

10.
关于规范的争吵

即便在一段良好的感情关系中,你也需要坚决捍卫自己的观点或爱好,哪怕伴侣表示反对。于是,你们常常会为了几点睡觉、沙发放在哪个位置、性生活多久一次、到了一个新城市要做什么、买什么颜色的车等事情争吵不休。

而在过去的时代,做决策的理由比现在要简单得多,通常只需要掌握绝对权威的一方做出判断即可,比如某个人说了或者某个人想这样,就不会再有争议。但是,当下是文明进步的时代,我们尊重彼此的意见,注重充分的讨论。只有一方用充分的根据和明确的理由说

二、争吵的二十种类型

服另一方时,才能做出最终的决策。

也正是由于生活在民主时代,当意见有分歧、谁也说服不了谁的时候,通常会寻求多数人的意见。具体而言,在吵得不可开交的时候,你会向对方强调,你想做的事或者你的感觉是正常的。你想让对方同意你的观点,不仅是因为你有道理,而且是因为如果对方冷静下来想一想,就会知道明智的人都同意你的看法。你的观点(无论是关于家具布置、性生活频率还是关于汽车颜色的选择等)并不奇怪,而是符合主流的,从当代伦理学的角度来说,你追求的是一种规范。

在争吵时,你会试图用社会的规范——根深蒂固的社会主流观点来支撑你的个人观点。你想向对方表达的是:"不仅我(单薄、微不足道的个体)不同意你的观点,而且所有理性的人(难以撼动的社会群体)都和我持相同的看法。在怎么做意大利面、什么时候给你妹妹打电话、获奖小说的文学价值是什么等问题上,你的观点是极少数人的想法。"

从纯理论的角度来看，探讨什么是规范根本没有意义，因为社会上普遍存在的主流观点不等于正确的观点，而真理往往掌握在少数人手中。可是，人类是社会性动物，数百万年的进化塑造了我们的思维方式。即使我们明白这个道理，我们还是会重视周围人的意见和看法。在现实生活中，你会努力表现出自己的合群，保留普遍的善意。因此在争吵的时候，伴侣会不自觉地说"这是规范"，以此证明自己的观点，即使实际上主流观点根本不是这样或者只是勉强类似，你也会忍不住反思自己。

其实，在这种情况下，你不应该动摇，而应该继续坚持自己的观点。因为当涉及个人生活时，对于什么是规范没有明确的概念，毕竟一个人不能随意打探别人对于私密生活的态度。我们无从知道规范的性生活频率到底应该是一星期几次还是一个月几次，也不知道无缘由地哭泣、与伴侣分床睡、讨厌伴侣最好的朋友等情况是否正常。不会有关于这些隐私的问卷调查，电视或杂志也不会给出任何提示，所以我们通常只是根据自己的感情经历来理解什么是规范。

更为重要的是，我们不应该再自私地追求主流的做法，而是要承认感情关系中几乎所有美妙的部分都是非主流的。在芸芸众生中，有个人能够发现你的魅力，和你一次又一次沉浸在浪漫有趣的约会中，包容你笨拙滑稽的举动，用你最喜欢的小动物给你起可爱、奇怪的绰号，愿意在周末的休息时间帮你缝衣服上的纽扣，不厌其烦地倾听你的烦恼直到夜深。这些何尝不是小概率事件呢？而你极其幸运地成为这些小美好的主人公。但是，你在争吵的时候把自己说成正常的普通人，这显然是一种悖论。你没有道理用常态、规范来绑架伴侣，你只需要真诚地向伴侣表达自己的想法，也许就能达到预期的效果。你可以向伴侣坦白，"我真的很想这样做，因为我觉得这样我会更开心，如果不这样我会伤心"，类似这样简单真诚的理由往往能很有效地说服对方。

11.
关于"你怎么变得跟你妈一样"的争吵

在和伴侣争吵的时候,讲出那些准确但完全没有必要的恶语,大概是一种通病。一方会带着幸灾乐祸的表情,用轻蔑、狡猾的语气向对方搬出一个自认为有攻击性的事实:"你怎么变得跟你妈一样。"

这句话确实会让你哑口无言,因为你一直都很努力地想成长为独立的个体,你害怕甚至抗拒与父母拥有相似的命运。你在原生家庭中观察到父母身上的一些缺点,但也惊恐地发现自己竟有着类似的缺点。

你可能在无意间发现,自己竟然接受了那些曾经觉得荒谬至极的观点。你曾以为自己永远不会变得尖酸刻薄、小肚鸡肠、爱慕虚荣或暴躁易怒,但是有时情绪特别脆弱,你会控制不住地变成那样。而在你暴露出这些缺点时,伴侣将矛头指向了"遗传原因",这使你更加恼羞成怒。

伴侣的这种指责确实非常卑鄙。尽管你有时会跟伴侣吐槽自己父母身上的缺点,但事实上你并不愿意别人对这些事情指手画脚,说到底这是你自己的父母,只有你可以说他们不好。

这种指责对你来说也很不公平,似乎是要强迫你去否认一个既定的事实。你遗传了父母的基因,从小就跟父母生活在一起,父母的一举一动、一言一行必然会影响你,所以在性格或其他方面和自己的父母相似,再正常不过了。

是父母带我们来到这个世界上,我们不应该抗拒和父母相似。如果伴侣用"你怎么变得跟你妈一样"这种话指责你,你不应感到窘迫,而应大大方方地承认你和父母确实有相似的地方,并通过反问"难道你不是吗"

来回击。"你怎么变得跟你妈一样"这样的话简直可笑至极,我们怎么能不是这样?如果这只是一次无伤大雅的争吵,并且逐渐缓和,那你还是应该心平气和地告诉对方:"我选择和你共度余生,是因为我欣赏你身上的优秀品质,和你并肩前行能够让我抛下那些'天生'的缺点,成为更好的人。"你需要让伴侣知道,你感谢他过去和现在的陪伴,而他之于你的意义绝不是对你的固有缺陷冷嘲热讽,而是帮助你一点一点地成为比父母出色得多的人。恐吓、指责的话多说无益,无情地揭露你和父母相似的缺点并不是什么伟大的发现,这只是你羞于启齿的事实罢了,结果你只会对他失望。作为伴侣,他不应该居高临下地指责你,让你为此做出无谓的道歉,而是应该扮演陪伴者和扶持者的角色,将你从泥潭里拉出来,帮你抖掉身上的污秽,坚定地牵起你的手,一起大步迈向更好的世界。

12.
逻辑引发的争吵

在讨论的过程中,由于一方太理性、太有逻辑,对方发火甚至发疯。乍一听似乎有点奇怪。通常情况下,我们都很推崇理性和逻辑,不会对此产生反感,但是为什么理性和逻辑出现在亲密关系中就变味了呢?只要充分调用一下脑细胞,我们就会发现这个问题其实很好理解。

在陷入困境的时候,你向伴侣倾诉往往是寻求一种精神上的慰藉,你希望他能设身处地地为你着想。你不是要他告诉你怎么做(因为有时客观上确实很难找到问题的解决方法),而是想要他的安慰和同情。在这种情况下，对方过于讲求逻辑，在你看来就是一种不耐烦的表现。

设想这样一个场景：你向伴侣抱怨自己有恐高症。这种对于高度的恐惧往往不合理，因为众所周知，建筑物反复经过了工程验收，阳台显然不会突然坍塌，也有坚固的栏杆保护你不会掉下去。你对此心知肚明，但实际情况是你依然感到紧张。如果这时伴侣还要向你一本正经地讲解物理学原理，你不仅不会感激他，反而会觉得他完全不理解你。

很多困扰我们的事情其实和上述恐高症的场景非常相似，即使我们做好了万全的准备或一切已经很好，我们也会不安、焦虑。例如，尽管我们已经是模范子女，我们可能还是会觉得自己为父母做得不够；尽管我们已经有了足够的经济实力，我们依然对财富没有安全感；尽管没有人苛责我们的长相和身材，我们还是会有容貌焦虑；尽管我们在工作中做得近乎完美，我们可能依然会否定自己，觉得是自己搞砸了事情，沮丧地认为自己就是一个失败者；尽管我们在外出前整理行李时检查再三，我们还是会不自觉地担心自己忘带了什么东西，而事实上忘带这个东西也无关紧要，随处都可以买到；尽管只是突然被要求做一次即兴演讲，我们可能都会害怕得好像世界要崩塌，而事实上，每天有成千上万的人在演讲中出丑，他们的生活照样在继续。

当你向伴侣倾诉这些担忧或焦虑时，你得到的回应可能是一系列清晰、冷静、有逻辑的答案，例如"你对父母一直很好、很周到啊""要用的牙膏你都已经带够了啊"等。这些回答看似很正确，但对缓解焦虑毫无作用，还会让你非常生气。对方过于理性的回应，感觉似乎是在轻视你的担忧。他觉得，如果从理论上来说你就不应该焦虑，那么你的焦虑就是无理取闹。

即使你因为对方有逻辑的回答而大发雷霆，对方也不必觉得自己有什么委屈。要记住，人类的思想非常奇怪，往往难以用普通的理性规则去解释。他非要用逻辑来说服你不要焦虑，这实际上背离了心理学常识。思维是幻想、错觉、预测和神经质恐惧的猎物，我们会害怕许多在现实世界中不存在的东西。把这种焦虑等同于"不合逻辑"并不准确，这一点也不奇怪，实际上符合更深层次的心理学逻辑。就像我们的容貌焦虑并不是完全基于自己的长相或身材，而是可以追溯到童年，反映出我们是否被爱和被鼓励。同样，即使我们特别害怕在公共场合讲话，那也并不是由于我们害怕出错，而是由于长期存在自卑心理和畏惧被评判。

当过于逻辑化地处理这些恐惧时，注意力就集中在"为什么不应该恐惧"上，而恐惧背后的真正原因反而被忽视了。这只会让陷入痛苦的你更加抓狂，你不是希望伴侣丢弃理性，而是希望他把这种精力用于共情，能站在你的立场思考，理解你"逻辑不能自洽"的地方。你希望他理解和安慰你，也许还可以抱一抱你，然后跟你说"一切都会没事"。

当然，也有例外，伴侣用理性和有逻辑的方式来回应你，这有可能并不是一种偶然或无知的情形。可能他之前多次尽力安慰你，却毫无结果，或者你也忽略了他的需求，所以他想用这种方式报复你。

在这种情况下，如果两个人在最深刻的意义上恰当地"合逻辑"，即认识到情感功能的复杂性，那就不会再为"为什么我都这么痛苦了，你还要跟我讲道理"这个问题争吵不休。接受肤浅逻辑的一方可以尝试转移话题，问问对方"是不是因为我之前也忽略了你的感受，所以你现在故意这么对我"。把彼此的心结解开，才是情感中真正合逻辑的事。

13.
寻求关注的争吵

在一段感情关系中,最平淡无奇却又最难的事就是追问"你还爱我吗"。即使我们可能已经纠缠了大半辈子,甚至已成为彼此最重要的遗嘱继承人,我们也放不下这个问题。当热恋期过去,你也不再年轻,在他的工作中或其他你看不到的地方,可能有更好的人在向他献殷勤。你没有道理不去怀疑他的专一性,什么都有可能发生,你无法相信任何人。而更糟糕的是,你甚至已经发现了一些不好的迹象,例如对方总是看手机,时常心不在焉、思想游离。

你强烈地需要一些证据来证明他还爱你。但是,这种不安全感本身也很可怕，因为寻求那些证据，意味着你不仅要直面自己的脆弱和他对你造成的伤害，还不得不承认，他控制了你的喜怒哀乐，被你深深地依赖。

有时，你会觉得这样做得不偿失，尤其是当你在原生家庭中没有得到足够的安全感，你就不敢奢求对方理解你的需求，也不敢问得太直接，你害怕连现在拥有的东西都失去了。并且他一脸无所谓的表情也会让你无从开口。在这种情况下，你会不自觉地陷入一种怪圈：你会想尽办法博得他的关注，甚至故意和他争吵，因为他对你生气也是关注你的表现。你不敢冒着失去一切的风险去逼问他是否还爱你，而是小心翼翼地收集他把你放在心上的证据，然后一遍遍地安慰自己，告诉自己他还爱你。

最终，当他疲于应付这些的时候，你再也忍不住，爆发一连串指责。"你从来不知道做家务！""你赚太少了！""你变得好无趣！"……或者在和朋友聚餐的时候，你故意大声地讲述他父母离婚期间发生的各种事情。

你真正想说的是，"我非常爱你，我完全依赖你，你对我有着重要意义"。而恰恰相反，你却在想方设法地激怒他，引导他对你恶语相向，因为这样你似乎就得到了他的全部关注。但是这种关注真的是你想要的吗？你想要的其实是他的温柔以待、暖心安慰、精神支持、为迷茫无助的你拨开云雾的智慧，结果却得到了他的沮丧、失望和对你充满防备的愤怒。

既然你渴望得到他的关注，你就应该勇敢一点。在一段良好的感情关系中，定期寻求安全感和彼此相爱的证据应该是一件非常自然的事，而不是让人恐惧的事。依赖伴侣也不是软弱或糟糕的标志，你要与自己的依赖性和解，接受自己脆弱的一面。同时，如果你发现伴侣无缘无故地大发脾气，你也应该多反思并提醒自己，他不是在无理取闹，而是想得到你的关心。

14.
误读引发的争吵

这种类型的争吵往往始于你试图冷静地向伴侣解释当下面临的棘手状况,例如生日前后会有日程冲突,或是家庭预算已经入不敷出,或是家里的车剐蹭了,或是有位朋友请客,等等。

而伴侣则面无表情地听着,然后突然打断,直接将你说的话误读为"好了,我知道了,如果我没理解错,你就是想说这个假期我们过不成咯"。

下面的表格可以更清晰地展示双方对话的内容变化。

人物甲：长篇大论	人物乙：误读
"由于我之前高估了自己的收入，我以为我这个月会比上个月赚得多，因此我做了一些小投资。但是，现在看来，也许我不应该去搞这些投资……"	"我们没钱了。"
"我朋友刚跟我说，他一会儿可能会过来。因为他不打算去博物馆了，然后他看完他妹妹就来。我们这儿也有地方，反正你妈妈明天才来，冰箱里也还有一盒千层面，我想要不就让他来和我们一起吃……"	"我们的二人晚餐被毁了。"
"我最近和一位同事走得比较近，我们会分享日常生活，但是这不代表什么，根本不是你想的那样。我一直都很珍惜你以及我们现在的生活……"	"你出轨了，你背叛了我们的婚姻。"

不难理解为什么我们在生活的关键领域渴望冗长复杂的解释。有效的解释是人性和文明的守护者，往往也是圆润、富有同理心、善意的。事实上，很多伟大的文学艺术作品都是对特定行为的冗长解释，而这些行为在不那么敏锐的人手中可能会被残忍地改写。例如，"一个过着奢靡生活且水性杨花的女人"的故事，在天才作家的叙述下，就成了福楼拜家喻户晓的杰作《包法利夫

二、争吵的二十种类型

人》。由此可见,即使我们的动机、需求、焦虑或期望有些不合理和复杂,经过适当的讲述也可以赢得尊重、同情和谅解。

而在这种类型的争吵中,从某种意义上来说,长篇大论的一方试图实现福楼拜的那种叙述,也就是说,试图向对方解释一系列复杂、隐晦的真理。但为什么向伴侣如此解释时,你屡屡碰壁呢?

你做错了事情时,需要采取以下三个步骤来扭转局面:第一步,承认自己的错误;第二步,向对方道歉;第三步,做出合理的解释。

对于你来说,第三步是扭转局面最引人注目、最关键的一步,因为只有最具说服力的解释才能将自己的行为置于合理的背景之下,使自己和对方不唾弃那个犯错的自己,并依然相信人性。

然而,对于伴侣来说,第三步不是最重要的。他最看重的往往是第二步,即做错事的一方道歉。如果他接受了道歉,那么现状就有可能改善。因为道歉表明你已经深刻认识到自己的错误，并愿意为此承担责任。

而如果你不断地解释，逃避道歉，那么他就会开始反击。他可能本身就因为你的错误而遭受了伤害，会认为"肇事者"的所有解释都是狡辩，于是他瞄准第一步，通过强调你最初的供认来寻求报复。他并不是完全不通情达理，他也知道你这么做可能有原因，但他现在根本没有心情听你解释，他想要的不过是你承担责任的态度而已。

话又说回来，受伤的一方对于争吵的发生和升级也不是完全没有责任。如果他能跟你好好沟通，表明自己失望伤心的地方，那么你也许就会明白承认错误有多么重要。

在感情关系中，双方需要共同面对彼此许多不适当的行为或小错误。因此只要"过错方"承担了应有的责任，就应当获得一个解释的机会。

15.
度假时的争吵

此刻,双方身处世外桃源一般的地方——可能是位于热带岛屿的一家海滨酒店,可能是藏于静谧山谷的一个小木屋,可能是历史名城中心的一家豪华酒店。我们的精神在美景的包围下完全放松,身心都得到了极致的抚慰。出门前我们曾在紧张的家庭环境中争吵过,但是现在我们感到无比甜蜜、愉悦和平静。我们特意来到这里,给自己一个惬意舒适的休息空间,以期恢复彼此之间的美好情感。

但是,事情往往不遂人愿,恰恰是在这样田园诗般的环境中,我们会相看两厌。而更为讽刺的是,情侣之间很多激烈的争吵都发生在绿茵遍野或碧海蓝天的环境下。

而在普遍的文化观念中，相安无事地度过美好的假期，完全没有争吵喊叫、紧张的冷战或激烈的对抗，才显得反常，甚至可以说有点令人害怕。

但是这一现象其实也有合理的解释：身处一个完美的空间，外部的一切因素都令人很愉悦，就把我们头脑中不愉快的部分衬托得更加刺眼。那些烦心事好像故意要打破眼前的幸福一样，在我们脑海中占据了上风。而由于眼前的一切都非常完美，你会觉得那些不顺眼的行为（私底下包括自己的一些行为）更难以接受。你会止不住地想，要不是因为他……就不会……

相反，如果双方本来就身处严峻的现实世界中，惨无人道的战争持续不断，悲剧每时每刻都在上演，甚至连在自然界生存都困难（例如，荒无人烟的沙漠或天气严寒、山势陡峭、风暴肆虐的荒岛），你反而就会忘却内心的烦恼，忽略伴侣那些烦人的细节。因为在寸步难行的境况下，有人陪在身边已经是最大的恩赐，你要对环境中的各种不稳定因素保持警惕，也就不会有心思去想那些烦心事。

但是，我们也不应该故意压抑自己的苦恼，否则只会陷入更大的痛苦。我们应该反思的是度假的动机，我们天真地以为，只要花钱外出享受，就能解决我们的感情问题。找一个舒适的环境放松身心，固然能给生活带来正面影响，但是并不能从根本上解决问题。和一次真诚的沟通或一个化解怨恨的机会相比，漂亮的亚麻桌布、丰盛的自助餐对于情绪改善的作用几乎微乎其微。奢华的酒店并不能使我们积压的问题自动消失，只会再次表明物质在生活中是次要的。

同时，我们也不必过于害怕或是担心美好的假期会被争吵毁掉。也许我们在海边的房子里大打出手，或是在小酒馆里大吵一架。我们冷静下来之后就会明白，虽然自己没能使一切都保持完美，也说了很多不体面、不成熟的话，但是我们虽败犹荣，并会比之前感到更舒心、更自由。毕竟不可能一直保持快乐或稳重，所有人都是这样（别人的幸福也可能只是表面现象，我们不必觉得唯有自己的生活过得一团糟）。不要因为花了一笔不小的钱订了高档酒店，享受着窗外迷人的风景，吹着舒适的海风，就觉得自己不应该破坏氛围，我们在任何时候、任何地点都有权感到不快乐。一次真正完美的假期不仅让人身心愉悦，也让人无所畏惧地做自己。即使有争吵，那也不过是小插曲而已。

16.
沉闷的争吵

设想一下,你们和朋友聚餐后准备回家,但是在吃饭的时候发生了一些不愉快的事。伴侣在吃饭的时候毫无顾忌地讲述你买短裤的丑事,就好像在嘲笑你一样。所以回来的路上你一直脸色阴沉,而伴侣察觉到你有些不开心,也问了两遍你怎么了,但是你只是坚称自己没事,没有不开心。

和别人在一起时,你往往需要很详尽地表述自己的想法,即使这样,别人也经常很难理解你的意思。但是伴侣往往马上就能理解你的想法,就像心有灵犀一样,他可以发现你情绪上的细微变化。可能你刚描述自己对秋天傍晚的感觉，或是刚说自己特别喜欢一段音乐中小提琴曲调升高的那部分，伴侣就立刻能和你产生共鸣，并连忙回应："我知道，我懂……"

与伴侣之间的共鸣无疑令人激动不已，但在一段长期稳定的感情关系中，它也可能引发巨大的困扰。你默认伴侣能感受到你的情绪，长此以往，你就不再愿意把自己的想法说出来，而是自己一个人生闷气。

在关于争吵的心理学理论中，"生闷气"是一个非常特别的现象。最为关键的是，你并不会对每个人都生闷气，而往往只会跟自己最依赖的人生闷气。你认为他应该知道你不开心，结果他在某个特定情况下碰巧没有看出你的心思，你就会很失望。你完全可以在他问"你怎么了"的时候告诉他原委，但你觉得那样就说明他一点都不懂你。你还会在心里推论，"这都看不出来，他一定是不爱我了"。可以说，生闷气是爱情的一种附属品。

你之所以会生气，是因为你坚信一个足够爱你的伴侣应该知道，你为什么在回家的路上一直很安静，并且回家后直接走进卫生间把门反锁。即使他试图再次询问你，"请告诉我怎么啦"，你依然会抱着胳膊沉默不语。你觉得，一个真正的爱人、一个真正值得你爱的人，自然能够看出你为什么不开心，可以透过卫生间紧闭的门和你的肢体语言看出你的心事。

生闷气也有让人感动的一面，因为它表明你对伴侣有着充分的信任。但是，成人的世界是复杂的，你必须接受的是，如果你什么都不和他说，你就不能期望他读懂你的想法。如果你一直闭口不谈自己的需求或意图，那么天底下最聪明、最敏感的伴侣也不可能明白你的心意。

所以，当伴侣没有猜对你的想法时，你不应该对他生气。别再自己一个人生闷气了，你可以试着跟伴侣好好地说一说自己内心的真实想法，也许结果就会大不相同。

17.
邂逅引发的争吵

你和伴侣一同出行，并在会议上结识了某个新朋友。他看上去人很好，你也和他聊了聊演讲的主题。但是，你不禁开始注意他侧头倾听的模样或可爱的口音，你心里从此对他有了印象。或者，你在火车车厢里坐下来，你的斜对角坐着一个让你无法移开视线的陌生人。在接下来漫长的路程中，你要和面前这个你一无所知的人一起乘着火车穿越数公里光线昏暗的乡村道路，于是，你忍不住根据他的外表来推测他是什么样的人。你注意到他在看书时把手指夹在书页里，左手腕戴着一块皮带手表，他看上去还有点近视，有时会眯起眼睛看门上挂着的地图。后来的某一天，你从超市出来，在回家的路上，你又在人群中看到了这张脸。虽然只和他对视了几秒，你却好像心跳漏了几拍，你意识到自己心动了。

几乎所有人都曾有过这种心动的时刻。在机场、在街角、在火车上或是在会议上，你总会与陌生人有短暂的接触，现代生活的流动性使你遇到形形色色的人。而有些邂逅经历不仅很有趣，也是生活的良方。某段邂逅经历看似不起眼，甚至很荒谬，却往往会触及伴侣之间的"七年之痒"，进而引发争吵。

当你下了火车或是开完会，你的内心仍会因为之前的邂逅而悸动。在面对朝夕相处的伴侣时，你可能会突然对他感到不满，或是觉得在他身边很不自在。你满脑子都在想象偶遇的那个浑身散发魅力的人，而眼下伴侣身上的缺点则显得尤为刺眼。你太了解伴侣，他可能不够精明，也笨手笨脚，缺乏幽默感和激情，有时还很唠叨。难怪你会因为一次邂逅而魂不守舍，你和伴侣为了这件事争吵不休，也是因为你忍不住发泄自己的不满。

你将矛头指向伴侣，觉得自己是倒了大霉才跟他在一起，导致现在的感情生活如一潭死水，平庸至极。但是，你没意识到，你把信息不对称误认为品质不对称，把感情生活的平庸归咎于伴侣。通常来说，你能选择某个人作为伴侣，他就不会比刚刚让你心动的陌生人差，只是你对他了解入微，他所有的缺点都暴露在你面前。

可以纠正这种信息不对称的是经验，只要对陌生人多一点了解，你就会发现，他们魅力四射的外表下无一例外地藏着"正常人"的本质。换句话说，那一刻让你心动的陌生人并不比你生活中的已有人选差，但也不一定更好。

你在邂逅时所犯的最大错误在于忽略了人类的本质，不管是这个还是那个，本质都一样。一旦深入了解某个人，你就会发现他或多或少都有一些缺点。而有些缺点还非常严重，以至显得你当时的心动是那么不堪一击。虽然你无从预知他会有什么缺点，但是可以肯定，那些缺陷就潜伏在某处，假以时日，必然会浮出水面。

二、争吵的二十种类型

为什么我们可以这么肯定呢？因为生活的真相已经无言地向我们揭示了人性的善变。没有人能够保持完美，没有人能够毫发无损地渡过难关。我们要面对太多的恐惧、死亡，会在成长的道路上失去很多、抛弃很多，难免会有依赖性，难免会受到羞辱，也不得不对某些人或事屈服。

我们都有脆弱的一面，不可能拥有完整无缺的人格，常常要硬着头皮面对挑战，可能会缺乏勇气、信心、智慧，或是来不及做好充分的准备。同样，我们的父母也有缺点，我们很难找到模范，只能自己摸索。我们会吵架而不是沟通，做不到耐心地引导，只知道不停地唠叨。我们无法冷静下来去分析自己担忧的原因，而是控制不住地焦虑，我们的安全感也总是很不稳定。我们对自己和别人的认识可能也不是很清晰，我们害怕揭露真相，只想停留在虚幻的美好中。而在这种情况下，不可能有一个近乎完美的人在你的生活中从天而降。我们的惧恐和弱点会以千百种形式表现出来，使我们形成防御性或攻击性人格,浮想联翩或犹豫不决,主动出击或故意回避。可以确信的是,一个人暴露了自己的缺点后,将变得不再完美,甚至很难相处。

要解决邂逅引发的争吵,方法是尝试根据人性来推测未知的人。你可以合理地猜测,一个陌生人会很接近你熟悉的人,而且不会有很大不同。要知道,终止一段爱恋的最好方法就是多了解对方,这听上去似乎有点黑色幽默。但是我们要接受,遇见一个完美的人简直是天方夜谭,生活就是这样。

18.
丢失物品引发的争吵

"我肯定把钥匙放在客厅的壁架上了。"你想破脑袋也想不到自己怎么会找不到钥匙,你一直把它放在固定的位置,结果却突然找不到。但现在你正好又急着出门,如果找不到钥匙,你这一天甚至这一周就会很麻烦。你心急火燎地到处寻找,想不通钥匙怎么会凭空消失。是有人故意挪动了?你不禁怀疑,一定是每天和你生活在一起的伴侣拿走了,然后粗心大意地放到了其他地方而没有告诉你。

这种情况已经不是第一次发生了,比如找不到卫衣、文件消失、指甲刀丢失……此刻的惊慌和愤怒让你百爪挠心，你在冷静的时候完全想象不到自己会这样。你着急地跺脚，说话也语无伦次，甚至怀疑自己是不是被诅咒了。仅仅一件急需却丢失的物品就足以让你的世界天翻地覆，你感觉自己生活中有序和可预测的那部分被打乱了。你确信某样东西明明就放在那里，但就是怎么也找不到。你急得团团转，就好像被嘲弄了一样。你在脑海里反复地想："我知道那该死的钥匙放在哪里，怎么就不在啊？不对，我一定是放那儿了。哪儿去了？我记得我就是放在这里啊，怎么不见了……"你再次翻箱倒柜地寻找，甚至崩溃地尖叫，找了好多遍还是找不到。你开始疯了一样地给在工作的伴侣打电话，质问他是不是拿走了你要用的东西，就好像他是故意恶毒地藏了你的物品。你朝电话那头的人怒吼："钥匙在哪儿？你干吗动我的东西？你想干什么？"这听上去对伴侣很不公平，但也恰恰说明他是你生活中不可或缺的角色。你非常依赖他，甚至默认他应该对你的所有事负责。你觉得，是他拿走了钥匙，收起了卫衣，他也一定知道信用卡放在哪儿。这种因丢失物品而转移到伴侣身上的愤怒可以追溯到你的童年经历,当你还小的时候,父母是你生活的主宰,控制、管理一切事务。当你长大后,你会认为自己依赖的伴侣也像父母一样,会帮你做好早餐,随手关掉你忘关的灯,帮你安排好假期,找到你丢失的兔子玩偶,找到消失的橙色钢笔盖。

可以说,当你因物品丢失而指责伴侣时,你有一种思维定式,即他总能从根本上改变你的命运。他可以随意让物体消失,也可以让物品重新出现,所以他要对你找不到的东西负责。你坚信不是自己的记忆出了问题,而是伴侣可以魔法般地控制物品的存在。

但是随着时间的推移,你会发现事实并非如此。到后来,也许是这件事发生八个月之后,你都快忘了这件事,对伴侣的怒火也早已烟消云散,你可能就在随手放置的某个地方意外地发现了丢失的物品,那串钥匙可能就躺在一件旧大衣的口袋里,或是在厨房的抽屉里,又或是在铝箔、橡皮圈的杂物堆里。等找到的时候,你会感到非常奇怪。

不过，从另一个角度来看，如果你受到责备，你就应该知道自己被人珍爱和依赖。这不是因为你做了什么，而是因为你的缺席会让所爱之人感到悲伤和恐惧。

19.
内疚引发的争吵

你几乎一整天都浪费在网络上,一次转移注意力的点击变成了一千次的打开、退出。一开始,你只是想看一篇新闻,结果却看到了一些非常愚蠢或罪恶的网站(当然也可能是又愚蠢无聊又罪恶至极的网站)。但你根本就不应该看这些,毫无疑问就是浪费时间,你把自己的才华浪费在虚拟的网络世界里。你感到很内疚,觉得自己辜负了那些对你抱有期待的人(老师、父母、孩子、伴侣)。而这时,伴侣到家了,看上去充满活力,精神头儿十足,还给你带了晚餐,进门看到你之后更是满心欢喜。

可是，此刻你心里想，你在某些方面辜负了他的期望，但也不打算跟他解释，你难以启齿。你不想让他知道，自己从早上九点到晚上七点，几乎什么事也没做，更不想让他知道自己都在浏览些什么东西，以及沉迷于网络。在这个社会上，不被爱的人总会得到同情，而得到很多爱的人也会有负担。当你感到自己和对方喜欢的那个自己不一样时，你会觉得自己像个可怜虫，贪婪无度地享受着对方的爱意和善良。

你不会说自己不值得被爱，而是试图证明自己配不上他的宽容和善良。你故意挑起争吵，说一些刻薄的话，侮辱他，拿他的陈年旧事开玩笑，说自己想取消之前计划好的假期，说他的母亲无聊得要命。

然后，他明显被你激怒了，也开始反击。听到他说"你以为你就好到哪儿去吗"，你表面上反驳，内心却暗自感到非常开心。因为此刻外在的评判和内在的罪恶感匹配了，你不会直接告诉他，你其实很感激他，这场争吵使你免于接受他充满爱意和包容的拥抱，那样你会觉得自己不劳而获。这场"戏"(因为你是故意这么做的)可以算作你的一种忏悔,让你重新找到了感情关系的平衡点。

他在发火时对你表现出的不满,使你再次感到自在。你知道一整天无所事事的自己应该受到惩罚,而不是坐享其成地得到温柔的拥抱。

接着,就像虔诚的宗教忏悔者一样,你会努力做点什么来赢回他的好感。你帮他沏茶,主动洗衣服,或是冒雨出去帮他跑腿。重要的是,你愿意做些苦力来挽回他,因为你内心很愧疚,甚至觉得自己就该拥有"罪犯"和"下等阶层"的命运。

在闻到争吵的火药味后,你开始慢慢地重建自我意识,真诚地向对方道歉,并通过承担烦琐的家务来抵消内心的愧疚。你在心里暗暗发誓,明天一定重新开始,保持一个更清澈的灵魂,从而配得上他所有的爱和期望。

20.
性生活缺失引发的争吵

从表面上看,伴侣之间可能会为了各种琐事争吵,包括几点出发去机场、谁忘了填报税单、要送孩子去哪里上学等。但实际上,这些争吵都是对性生活不满的伪装。不管有没有摆到明面上来说,伴侣之间性生活的减少相比其他矛盾,更能引发激烈的争吵,是争吵的最大导火索。潜在的性生活问题会间接导致夫妻之间很多危险的争吵,例如在日本横滨市中心的餐馆里,一个人埋头吃着乌冬面,愤怒地拒绝和伴侣交谈;巴西贝洛奥里藏特市郊区的一栋高层公寓里,传来声嘶力竭的尖叫声;孩子被迫和继父母一起生活,而离婚的父母则在借

二、争吵的二十种类型

酒消愁或是在心理咨询室里哭诉着婚姻里的一切不堪。

伴侣对你的身体不再有欲望,并且你对自己或伴侣的态度也难以忍受。这是真正的伤害,令人难以启齿,深深侵蚀你的自尊心。曾经在无数个深夜里,你辗转反侧,尝试将自己的身体轻轻向对方靠近,你试探性地伸出手,想得到他的爱抚,最终却被无情地拒绝。他可能会敷衍地握住你的手指一会儿,然后就像你心里想的那样,他觉得你的举动很奇怪,又蜷缩着离你远了一点,留下你睁着眼睛在黑暗里独自落寞。而现在你甚至连尝试都不愿意了,可能一年也有几个温存的晚上,但你心里清楚,你不再被需要。你觉得自己被抛弃了。你无奈地认定自己就是这个世界上的孤岛,是唯一被拒绝的人。你仿佛是患上罕见疾病的受害者,在情感上受到的伤害是对你的一种侮辱,羞于向别人提及,更不用说释怀了。在一个看上去幸福快乐的世界里,似乎只有你默默忍受着亲密感缺失的难言之痛。

你的愤怒会进一步加剧你的伤害,使你陷入自我敌对的恶性循环中。你会怀疑是不是自己平时做得不够好，才导致对方冷淡。但是他每一次触碰又收回的手，让你永远无法鼓起勇气做出报复之外的任何事情。这比单身更让人伤心和孤独，带来的痛苦像深渊里的怪物一样将你拽入无底洞。你既找不到抱怨的出口，也无法装作看不见。于是，你在其他琐事上宣泄愤怒，来引起对方的注意。你可能会因为买洗衣粉或去公园散步的事而跟对方大吵一架，也可能在看牙医的花费、国家出台的政策上和对方争吵不休。种种类似的争吵并非空穴来风，你是在间接地表达自己想被需要，哪怕只是温暖的拥抱或轻柔的爱抚。

从某种意义上说，这种争吵很奇怪，也很愚蠢。你把对性生活的不满转移到各种事上，包括家庭的规划、孩子的安排、财产的分配、和共同好友的关系等，在讨论这些事的时候你总是会带入不愉快的情绪。性生活是最隐秘的事情，也是最显明的问题。

性生活之所以如此重要，是因为它本身就能够解决

二、争吵的二十种类型

伴侣之间大大小小的冲突和矛盾,是压抑、孤独、绝望和冷漠的良药。几乎不会有人在共赴巫山时感到悲伤或痛苦,此时愤怒或许也能够以一种充满激情的方式表达出来,而不像其他时候那样以互相伤害的方式给彼此造成困扰。双方共同参与、坦诚相待,这个过程包含双方脆弱、温存和释放的一面。因此,性生活有着举足轻重的地位,它证明即使感情再怎么支离破碎,伴侣之间的联系也还存在。

如果你能够克服羞耻感,尝试多和对方沟通,不再沉浸在孤独中(勇敢地和对方摊牌也证明你并不孤独),冷静地指出问题所在,不愤怒、不羞辱、不防御,简单说出自己的失望而不让自己真的绝望,那么可能许多争吵就可以避免。只要拒绝的一方能够心平气和地做出合理的解释,而感到被冷落的一方也能够倾听和理解,避免陷入报复或绝望的情绪,那么一切就会有转机。

理想情况下,双方就像高中生一样,需要在"课堂"上学习这类争吵的基本知识。"这门课"在人生中的重要性几乎相当于物理、地理在高中学习中的重要性，我们将通过系统的"深度课程"和贯穿一生的"定期复习"来学习如何面对、缓和性生活缺失引发的争吵。可以说，这种争吵是最典型的一种争吵，能处理它的人几乎可以处理所有争吵，而无法处理它的伴侣则会纠缠一生。

如果我们懂得面对和处理这一问题，我们就会意外又欣慰地发觉，世界重归平静，伴侣之间打骂、酗酒、离婚、出轨、暴怒、斥责、激烈争吵的次数无限减少。如果双方勇敢地倾吐对性生活的不满，就能够在最初发生争吵时，开始谨慎地寻找解决问题的沟通方式。不会总有答案，但总会有正确的对话。

三、争吵可以让我们更懂彼此吗

"你的目的不是赢。"

有些夫妻仿佛从来不争吵，总是表现出相敬如宾的样子，互相保持着一种礼貌和客气。他们常把"谢谢"挂在嘴边，会为彼此泡茶，有时听到别人家庭生活中发生的争吵，还会表现得很吃惊。如果他们私底下真的这般恩爱，从来没有意见分歧，那当然无可厚非。

但事实上，表面看上去相敬如宾，并不意味着感情有多么牢固。归根结底，婚姻是两种不同生活的融合，而在此过程中，不产生任何矛盾是不可能的。如果夫妻之间从来没有争吵，那不一定是他们的感情更成熟，而更有可能是他们不再关心和在意很多事情了。

因此,夫妻的目标并不是避免所有的争吵,而是要找到合适的方式,使争吵尽量释放积极的影响。与其说是不再争吵,不如说是学着有效地争吵。

那么,怎样才是有效的争吵方式呢?我们可以参考以下几点。

1. 在争吵之前最需要牢记的一点是,无论是你还是对方,本质上都是不完美的人,甚至会有出格的时候。自以为是,盲目坚信自己正确而问题一定出在对方身上,是导致争吵和负面影响的罪魁祸首。如果我们能够保持谦虚,将双方都设定为情绪不稳定、有很多缺点、不时会犯错但也需要宽容的初学者,那么情况或许就会改善许多。盲目自大、固执己见,只会让我们在争吵中变成可怕的怪物。

2. 在激烈的争吵中,你声嘶力竭地指责对方的错误,但对方毫不让步。而当他感到被爱的时候,他往往会承认自己的错误,并做出让步。你越是激烈地指责他,他越害怕你讨厌他,害怕你永远不会原谅他甚至离开他，从而他就变得更加顽固，只想隐瞒一切。因此，当你必须批评对方时，你还应让他明白，你爱他。

3. 一个人要做出改变并不容易，尤其是在被逼的情况下。因此，如果你希望对方做出改变，不应急于求成，而是要坦然接受他可能不会按照你的意愿在规定时间内改变。你可以对人性保有一种清醒且悲观的态度，这样反而能看到更多超出预期的结果。

4. 如果总是觉得自己在这段关系中受到了独特的诅咒，就会加重挫败感。固然这段感情中有太多煎熬的时刻，但是这个世界上不管什么样的情侣，都会有关系岌岌可危的时候。我们发生的那些棘手的问题、令人恼火的争吵，不过是万千情侣都会遇到的困境而已。虽然从微观角度来看，有些问题仅限于我们之间，但从宏观角度来看，没有人的感情经历可以一帆风顺。这只是人类命运的趋势，我们无须因此感到失败。

5. 伴侣只是害怕、担心或者一时没有想清楚，他本意并不坏。和你一样，他可能也背负了很重的情感包袱，可能有多灾多难的过往，才出现一些性格缺陷。他的所作所为并非直接针对你，只不过是在遇到你之前就已经形成的一种应对困难的方式。

6. 选择合适的时机很重要。我们可能会误认为争吵是思想的碰撞，但事实上争吵很大程度上依赖于情绪。它也会受到睡眠、酒精、时间的影响，这些因素很容易被忽视，但会对争吵的过程和结果产生决定性影响。此时，"等到明天再冷静思考"是更为明智的一般原则。

7. 不要让我们的关系因不合时宜的"礼貌"或"尴尬"而夭折。不要害怕指出问题，如果你能用爱的方式表达非常糟糕的问题，并且对方关心和在意你，那他就能接受真相，也愿意和你一起面对问题。

8. 在争吵中观点是否正确不要紧，我们一定不要试图证明自己正确。因为你的目的不是赢，而是尽可能幸福地与对方一起生活。这个人最终一定会和你站在一起，做你最好的朋友。

当然，即使接受以上建议，我们有时也无法避免争吵，还是会互相说难听的话，摔门而出或是委屈地哭泣。这些都很正常，向对方露出狰狞的一面，反而是情感中一种真实又奇特的现象。一段长期的感情关系必然包括天性中疯狂、不合理的部分，如果你对待伴侣也像对待外人一样保持礼貌，那反而是没有安全感的表现。我们渴望达到深层次的和解，而争吵或许是必经之路。这条路并不平坦，你的言语可能伤害对方，但也恰恰是这些争吵使彼此联系更紧密。争吵凸显了冲突中最极端的部分，但也为彼此重新联结创造了条件。你可能至今都会记得，那个晚上你失去了理智，像担惊受怕又愚蠢的白痴一样争吵。但争吵过后，你意识到自己深爱着对方，并会努力尝试在下一次争吵发生时变得理性一点（借助本书或同类的其他书）。

图书在版编目（CIP）数据

我们能不能不吵了 / 英国人生学校著；张闻一译 .
北京：中信出版社，2025.3. --（人生学校）.
ISBN 978-7-5217-7386-6

Ⅰ. C913.1-49

中国国家版本馆CIP数据核字第 2025WA9261 号

ARGUMENTS
Copyright © 2019 by The School of Life
Simplified Chinese translation copyright © 2025 by CITIC Press Corporation
ALL RIGHTS RESERVED
本书仅限中国大陆地区发行销售

我们能不能不吵了

主编：	［英］阿兰·德波顿
著者：	［英］人生学校
译者：	张闻一
出版发行：	中信出版集团股份有限公司
	（北京市朝阳区东三环北路 27 号嘉铭中心　邮编　100020）
承印者：	嘉业印刷（天津）有限公司

开本：787mm×1092mm 1/32		印张：3.5	字数：53 千字
版次：2025 年 3 月第 1 版		印次：2025 年 3 月第 1 次印刷	
京权图字：01-2024-5520		书号：ISBN 978-7-5217-7386-6	

定价：39.00 元

版权所有·侵权必究
如有印刷、装订问题，本公司负责调换。
服务热线：400-600-8099
投稿邮箱：author@citicpub.com

"人生学校"系列

— 已出版 —

《该有下一次约会吗》
《还会找到真爱吗》
《真的真的准备好结婚了吗》
《我们能不能不吵了》
《如何修复破碎的心》
《该结束这段感情吗》

— 待出版 —

The Couple's Workbook
Why You Will Marry the Wrong Person
The Sorrows of Love
How to Think More About Sex
Affairs

图书策划 中信出版·24小时工作室
总策划 曹萌瑶
策划编辑 蒲晓天 杨思艺
责任编辑 谢若冰
营销编辑 生活美学营销组
装帧设计 APT

出版发行 中信出版集团股份有限公司

服务热线：400-600-8099 网上订购：zxcbs.tmall.com
官方微博：weibo.com/citicpub 官方微信：中信出版集团
官方网站：**www.press.citic**

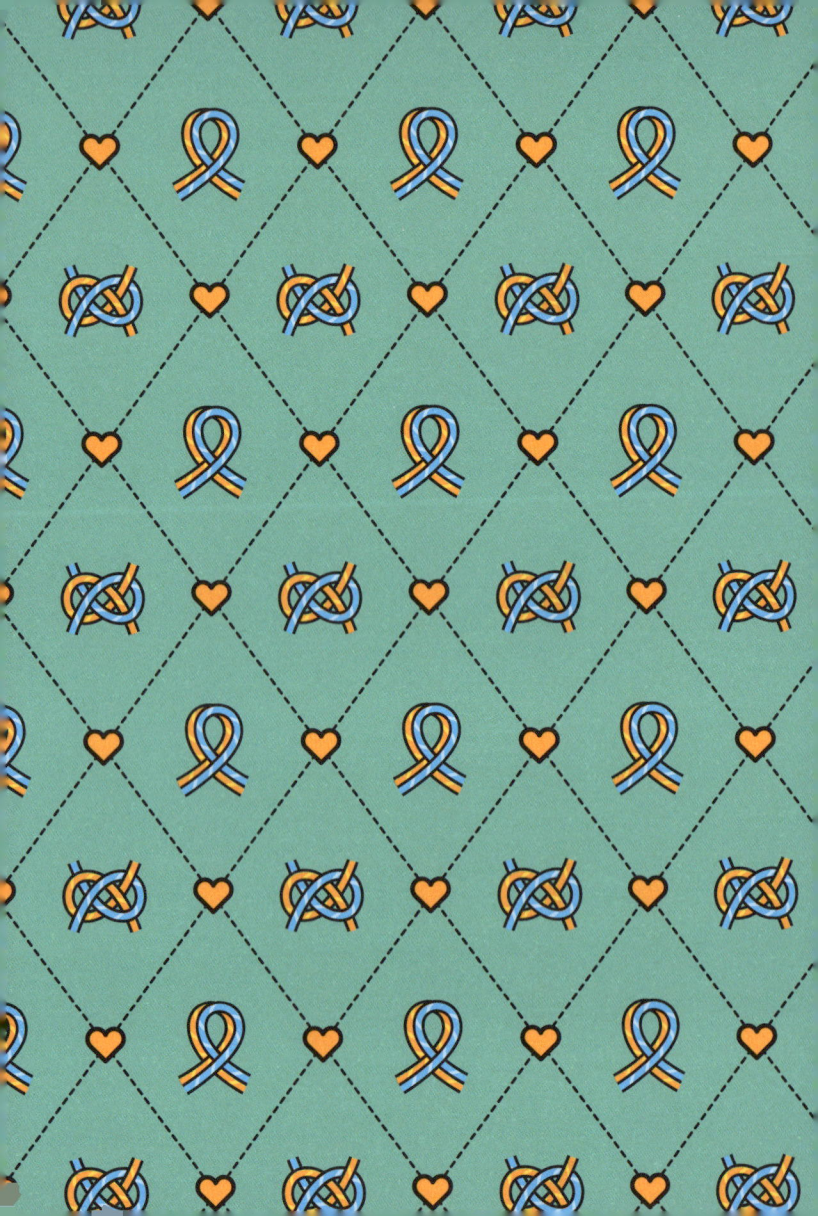